내일은
파랑

김권 시집

내일은 **파랑**

초판인쇄 2020년 10월 5일
초판발행 2020년 10월 12일

지은이_ 김권
발행인_ 이현자
발행처_ 도서출판 현자

등 록_ 제 2-1884호 (1994.12.26)
주 소_ (우)04550 서울시 중구 수표로 50-1(을지로3가, 4층)
전 화_ (02) 2278-4239
팩 스_ (02) 2278-4286
E-mail_001hyunja@hanmail.net

값 11,000원

ISBN 978-89-94820-60-6 03810

이 도서의 국립중앙도서관 출판예정도서목록(CIP)은 서지정보유통지원시스템 홈페이지(http://seoji.nl.go.kr)와 국가자료종합목록 구축시스템(http://kolis-net.nl.go.kr)에서 이용하실 수 있습니다.(CIP제어번호 : CIP2020040611)

김 권 시집

내일은 파랑

도서출판 연자

시작 메모

그는 문득 찾아온다

바람처럼 떠난다

이제
그를 따라나설 때가 되었다

2020, 가을

차례

2부_ 봄

차례

3부_ 여름

4부_ 그리고 가을

1부

그 후 겨울

겨울일기

긴 잠이다 겨울은 우울로 쏟아지고
밤이 사라진 병동에는 눈이 하얀 사람들
우리 사이에 하양이 내리지 않는다

꿈결에 전화가 울린 것 같다
밤으로 만들어진 여기는 숲이 도시를 버리고
사람들이 도시를 잊고 돌아오곤 하지

길에는 유리를 지나 집으로 가는 사람들
유리는 아프지 않으니까
시계가 보이지 않는다
그래 너는 빛이야 밤낮을 잃은

나는 손거울에 눈이 아픈 사람
꿈나라에서 왔어요
거울속에 봄이 오면 여기를 떠나는 거야

바람은 빛이 드나들지 못하게 문을 열고
내가 누워서 할 수 있는 것은 문을 닫는 일
꿈에 자란 팔이 밤을 지우고 봄을 당긴다

시간보다 빠르게 봄으로 가는 중입니다
우리에게는 몇 날의 추위가 몰려올 거야
머리에서 발끝까지 아픈 잠자리를 훑고
지나가는 아침빛이야 너는

나쁜 새벽비

밤이 지나가고
새벽이 집으로 돌아오는 중이야
어디에서 비가 오는지 몰라
바닷가에 낙서를 하는 꿈을 꾸었어
바다에 돌을 던지다가
빠지는 꿈이야 새벽은

비가 어디로 가는지 몰라
빗소리에 새벽이 지워지고
새벽에는 떠나야 하니까
가서 돌아오지 않는 우리의 이름을
바다에 붙이고

내가 없는 날에는
비가 작은 방을 기웃거리고 돌아가지
나는 비가 보이지 않으니까
낮에는 아프지 않으니까

비가 밤의 말을 가르쳐주지
빗소리 보다 작게
나는 밤에 아파하니까

새벽에 빗소리인 듯 숨소리를 들었다
콘크리트를 지나는 지하에
귀족의 무덤이 있는지도 몰라
처음에 마을이 내려다보이는 언덕이니까
여기는

왼손을 위해

하루하루가 내일로 가는 열차
겨울 마지막 칸이 마을을 지나가고
입속의 말이 잠든 이빨을 괴롭힌다
순하게

흔들리던 이가 빠지고
꿈에 새가 하얀 이를 물어온 오늘은
입 속에 새들이 살고
덧니가 자라는 중이야

흔들리는 이를 괴롭히는 거야
얼음에서 풀린 왼손은
봄으로 가는 나무들이 가지치기를 기다리고
겨울에 입은 까망을 버리기로 했어

덧니로 멋을 부리는 거야 너는
나의 덧니를 먼저 좋아한 거야

머리를 갈색으로 물들인다 회색을 지우고
내일은 봄이니까
돌아오는 겨울에는 파랑을 입을 거야
길에서 시작된 어지럼이 뒤따라온다
미루나무처럼 오래오래

내일은 파랑

내일이 오늘을 돌아온다
어둠에 숨어 있던 어제가
파랑새가 되어 날아간다

낯설다 오늘이
해보다 먼저 깨어나는 FM의 목소리
어제의 시내 교통사고는 사망 1, 부상 50
오늘은 대체로 맑고
한때 미세먼지

지워진 어제의 산발적인 시위가 아침은 불안하다
새가 되는 꿈을 꾼 것 같다
이 날개 저 날개를 걸치다가 아침을 빠져나온다
내일은 파랑이니까

밤사이 아무 일도 없었다는 듯
깨져 보이는 어항속 열대어들의 눈빛이 수상하다

하루하루

시계를 굽어본다 벽시계를 올려본다
시계는 시간을 따라잡지 못하고
긴 바늘은 작은 바늘을 의심한다

달력을 본다
날짜와 요일이 뒤섞인다 벽은
아무 말이 없다 말이 많아진 시계는
하루하루 거짓말이 늘어나고

아침이 흐리다
늦어지기 시작한 시곗바늘을 제자리로 돌리고
집을 나선다

먼지가 깨어나지 못하는 창에서 빛을 만난다
광장시장 시계가 부르기 시작한 노래를
오후가 따라 다닌다

손이 심심해

불로 만든 금반지를 끼우고
꿈은 손가락에서 빠져나온다

금반지를 잃은 아침, 눈이 흐리다
숨이 막힐 것 같아!

검정 만년필을 쥐면 재미있을 거야
손끝에서 나비처럼 웃는다 너는
하얀 얼굴에 검은 점 하나

손끝에 검정이 묻곤 한다
밤에 가지고 놀던 만년필이 고장나고
검정이 깨지고

꿈을 위해 저녁을 굶는다
밤을 잃은 나비는 손아귀에서 졸고
손이 심심하다
노랑을 잃고

사고팝니다

개발도상국에 살던 형은 평생
시계속을 들여다보거나
흑백 사진기를 만지작거리다
검정 만년필 하나 세상에 남겼다

빛이 들어와
뼈만 남은 슬레이트집에
오래 살았다
집을 사지 못하고

중고 사고팝니다에서
잃어버린 형의 검정 만년필을 보았다

새것은 손에 길들여지지 않아!

길가 낡은 집에서 산다
가을과 겨울 바람이 드나들고
봄과 여름 빛이 드나들고

S치과

문은 암호를 풀지 못하고 안으로 잠겨 있었다 벽에 금이 가고 시멘트 냄새를 풍기는 건물은 언제 철거될지 모른 채 층층에 임대문의를 내걸고 입속이 안 좋아서 연애를 못했다 서른이 지나도록 스물에 멎어 있었다 하얀 것과 시린 것을 구분하지 못하고 아이스크림을 먹은 밤에는 사람이 없는 결혼을 꿈꾸곤 했다

놀라지 마세요, 조금 뻐근합니다!

엘리베이터는 손닿지 않는 5층에 있다 새 건물이 올라가고 이가 빠진 자리에 허공이 매달린다 고층은 무서우니까 횡단보도 신호등을 기다리는 동안 마취가 풀리고 통증이 시작된다 약국은 어디에 있는 거야! 변두리 집과 버스정류장 사이에 S치과와 강북약국이 있는 것을 앓니가 흔들리면서 알았다

라일락 주차장

꽃들이 상가건물 뒷편에서 담배를 피운다 4월에 눈을 뜨는 라일락이 이른 봄에 꽃을 피웠다 아직 향기가 없이 주차장에 어둠이 스며들면 라일락은 그림자를 남기고 떠난다 헬스클럽 꽃들의 담배연기가 위로 올라온다 담배를 좋아하면 폐가 나빠져요! 건물관리인이 눈으로 말하는 것 같다 왼손으로 담배를 피우는 것은 어색해 아무도 말리려 들지 않는다 라일락이 진하게 향기를 풍기면 헬스클럽 꽃들이 얼굴을 드밀고 잠시 생각에 잠길 거야 밤에 헬스복으로 갈아입은 꽃들이 라일락보다 향기로워

꽃소식

잠들어 있었어요 꽃이 피어나고

겨울이 가고 봄이 오는 동안

꿈꾸고 있었어요 이가 하나둘 흔들리는 동안

산으로 올라가고 있었어요

눈이 아리고 머리가 어지러워서

산그림자처럼

길가에 앉아 있어야 해요

꽃을 기다리는 것은 멀어진 이야기가 되었어

봄에는 일어나야 해요

눈 꽃 사이

겨울에 태어난 별을 뭐라고 부르지
새벽에 눈 뜬 달빛이
물 한 모금 마시고 잠든다

빠져나간다 늦은 겨울과 이른 봄이
뒤엉켜 잠든 아침을
해가 깨어날 때까지 쏘다니지

고딕체로 눌러 쓴다
네가 이 별에 온 날을
너의 이름이 각인된 반지에는
별조각 두 개
너의 이름은 별이니까

겨울에 꽃은 눈으로 피어나지
별을 잠재우고 느리게 오는 거야
눈 시린 아침으로 봄은

갱년기

별에서 찾아오는 매미가 있다

너의 귀에는

몇 개의 밤으로 조각난 달에서

물소리가 들린다

네가 밤과 새벽 사이에 헤진 옷을 들추고

폐병이 먼저 돋을지도 몰라 나는

전깃불 없이는 잠들지 못한다 너는

어둠이 새어들고 잠이 사라진 방에

침대는 밤과 새벽으로 멀어진다

내가 잠들면 네가 깨어나고

날이 새면 귀에서 매미가 나올지도 몰라 너는

별들이 시계 속으로 사라진다

공간

소리를 그림으로 옮기는 중이야
말하기를 좋아하고 너는
손짓으로 하루에 서너 마디 하지 나는

별무리를 헤집고 다닌다
옥상의 고양이에게 간식을 주고
별여행을 떠난다

소리가 끝나지 않은 혀끝에서
낯선 낱말이 튕겨 나오곤 하지 너는
몇 광년을 단숨에 날아오지 별들의 말이
심장에 닿기 전에 미라가 될지도 몰라 나는

원자력발전소를 짓는 거야
땅속 얼음이 바다가 되고
박테리아를 기르는 거야
산소가 사라진 화성에

사람들이 하나둘 모여들 거야
별을 읽는 법을 익히는 중이다
떠다니는 너의 말이 보일 때까지

가끔 흐리고 곳에 따라 비

비를 핑계로 이별을 생각하지
적막으로 둘러싸인 나에게서 너는
멀어지려고 해
사진속 얼굴이 갸름해
겨울나무처럼 웃는다 너는

비는 2시에 온다고 했다
이름을 이슬로 바꾸고 겨울과 봄 사이에서
비를 기다린다
흐린 날은 빨강 만년필을 끼고 나가는 거야

가끔 말을 잃은 안개가 찾아와
하얀 옷을 입은 밤이야
새들에게 내일 날씨를 물어본다
자폐증을 앓는 시계가 말해줄 거야
너의 손버릇을

모두 조용히 해, 밤은 꿈이야!
어제 너의 고백은 모두 거짓말이야
내일은 가끔 흐리고
곳에 따라 비가 찾아올 거야

머릿속 투명

아침은 빵이다
엄마는 유리로 만들어진 아침을 깨운다
꿈은 깨지고

동그라미가 된 별이 엄마 손에 매달린다
우리는 꿈을 잃고 다시 잠에 빠진다

시계를 모르는 별이 시간을 묻는다
일찍 일어난 나비는
빵으로 깨어나는 아침을 기다린다
불에 굽는다 사각을
땅콩크림을 바르고

우리는 모른다
우유가 어디에서 아침으로 날아드는지

날이 오후를 지나고

어둠으로 돌아오는 사이
가끔 두통이 찾아오고
머릿속에서 아침이 사라진다

겨울나무

숲에 바람이 지나가자
나무들이 소리 지르기 시작했다
은사시나무는 얇은 옷을 포개고
상수리나무는 어린것들을 감싸고
숲의 합창으로 들리곤 했다

나무들 가장자리에 오래
서 있었다
내가 걸친 옷은 소리를 낼 줄 모르고

어느 겨울
숲에 눈보라가 스쳐갔다
나무들은 껴안고
서로의 옷이 되었다
그때 나무들 틈에서
눈 먼 나무들을 보았다

아무것도 걸치지 않은 나무들이
내 몸이 겨울나무인 듯 더듬고

나무들이 옷을 갈아입는다
나를 껴안은 나무를 찾아다닌다
겨울이 지나는 줄도 모르고
겨울옷을 걸친 채 숲을 서성인다

부여기행

논산시외버스터미널에서 부여로 간다고 쓴다 백마강을 지나는 중이라고 쓴다 황산벌이 안개에 사라진다고 쓴다

왼손에 시계 오른손으로 만년필을 가지고 놀던 여름은 폭염이었다 3학년 여름방학은 낙서로 얼룩지고 성주산 폐광이 산 그림자만큼 울음을 토해내곤 했다 광장의 계백장군 동상 위로 해가 지고 하루살이들이 모여들었다 그날의 함성처럼

부여를 지난다 사람들은 부여가 고향이냐고 물어본다 그래 말이 느려서 그러는 거야 부여에서 며칠은 오래 간직될 거야

팥죽

꿈에 오래 전화를 받을 수 없습니다

수억 광년 멀어지는 할머니의 목소리를 듣는 것은
기적입니다

겨울이 오면 할머니는 쪽머리 웃풍으로
앉아 있습니다

꿈속은 싸라기눈을 흩뿌리는
저녁입니다

갑자기 눈이 그치고
대나무 숲에서 눈을 털던 형과 아우는

할머니의 팥죽 한 그릇입니다

마늘

해가 산을 넘어온다

겨울에서 온 산은 마당에서 봄이 되고 여름을 지내고
가을이 되어 겨울로 간다

겨울이다
언니는 밭에 마늘농사를 지으며
혼자 살겠다고 했다
비와 바람으로 짓은 흙집에서 울타리도 없이

빛이 들지 않는 마당에 가끔 산이 내려와
언니를 부르고

마당에 마늘을 심고
물이 나오지 않는 집에서 겨울을 나는 것은
누구의 생각인가

겨울이 길어지고 있다

2 부

봄

바퀴는 자전거를 밀고

강으로 간다
부서지고 넘어질수록 동그란
달을 돌려주는 토요일밤이야

장마에 언덕이 사라지고
자전거는 어디에 묶어두어야 하나
여름이 찾아오면 다리 밑에 살게 될지도 몰라

겨울과 봄 사이
강은 미열을 앓곤 하지
강기슭을 따라 달 속으로 달려가는 동그라미를 본다
안경속 너의 눈처럼 보일 때까지

아픈 심장을 버리고 달 속의 토끼가 되는 거야 나는

강물이 부르는 소리 들리는 밤이야
비행기가 지나가고 지워진 길을 언덕이 짙게 새긴다

안녕!
달동네를 추억하게 될 거야

자전거를 밀고 집으로 돌아오는 밤에
달이 빠진 강을 보았어

새

멀리에서도 들을 수 있었다
둥지를 튼 울음을

바람소리에 밤을 잃었다
인터넷이 마을에 들어오고
사람들은 달빛을 버리고 어둠을 지우고

재건축조합이 생기고
마을을 떠나는 사람들이 늘어나고
두통으로 잠들지 못하는 밤에
아스피린을 찾아다녔다

가을이 깊어갈수록 시위는 격해지고
전깃줄을 늘어트리거나
몇몇을 인질 삼기도 하고
우리를 향해 함성을 지르고

겨울은 길어졌다
눈 내리지 않는 오후
바람의 패싸움이 벌어지곤 했다
가로등은 고압선으로 위장하고

우리는 어느 편에도 끼지 못한 채
바람의 줄다리기를 바라보았다

다음날
언제 그랬냐는 듯 동네는 잔잔해지고
바람이 어린 새들을 껴안고
잠들어 있었다

봄은 늦어지고 있었다

날마다 달이 찾아와

달이 뜨면 나는 외친다 오늘 잔업이다

달과 별들이 흘린 이야기를 금에 새긴다
잠을 잃은 맹수들 별자리가 수상하다
공장 담장을 넘는 상상을 한다
달이 뜨는 밤에는

강으로 물구경을 떠나지 못한 사람들이
불을 밝히는 광장로사거리 금공장
형광등 불빛이 촉수를 높이고
완성하지 못한 오늘을 센다

환풍기는 신음을 앓고

언제나 엄지와 검지 손톱이 먼저 닳아
왼손이 먼저 작업을 마치고 달빛을 거두지

날마다 달이 찾아와
오늘도 잔업이다

봄이 아파

겨울에 앓은 어지럼이 목련으로 핀다

봄의 꽃은 목에 아픈 이름을 달았다
송홧가루가 온 가지로 번지고

거리에서 진통제를 찾는다

봄이 돌아와도 꽃이 더디 피는 아침은
흐리고 눈이 아리고

먼저 아파 시든 꽃을 위해
우리는 산길에 모여 울어주었다

딸기

유리속에 잠들어 있다 설익은 빛으로

동네 마트에는 과수원이 있다
일어나, 아침이야!
여기저기 차임벨이 요란하다

마트에 사는 새들은 가끔
유리를 쪼며 날아다닌다
깨어나지 못하는 과일은 버려야 해!
상한 과일마다 접근금지를 붙이고
날아다닌다 부리가 멍들도록

빛을 잃고 맛을 찾지 못하고
태양을 향해 날갯짓치곤 했다
저온 보관된 나는 깨어날 수 있을까
햇살처럼 하얀 포장지를 뚫고

일요일 오후가 지나가고
아이들이 마트로 들어온다
나는 빛이 돌아오고 있었다
새들이 모르게

토요일 오후

정진수도 중인 바위는 사람을 피해
시내로 내려가고
밤사이에 자라난 손가락으로
산과 이야기를 나눈다

3시와 4시 사이에 태양은 멎는다
산은 등을 기울이고
산 그림자와 산을 오른다

잡을 수가 없다
따라오던 뭉게구름이 산을 넘는다

토요일 오후에 작은 산사음악회가 열리고
짧은 치마를 입은 나무들
빛의 메아리를 빠져나온 새들의 노래가
나무들의 내부를 지난다

노래가 울려 퍼지는 계곡의 박수는 앵콜
앵콜로 흩어지고
사람들은 하나둘
카메라 속으로 사라진다

내 안 사람

나팔이 동네를 떠다닌다

바람이 부는 날이면 먼지가 깨어나고
제발 멈추어달라고 한다
나와 함께 있는 내 사람이

빛 속에서 춤을 추어요
자꾸만 피어나요 바람속 음표들이
그 음악 이름이 뭐예요?
사랑의 맹세입니다

조금만 참아
나팔소리가 이 공원을 떠나게 될 거야
개나리 진달래가 피면

오래 머물지 않을 거야
벚꽃이 피어날 때에도

꽃들은 이름 없이 피고
들풀 속에서도 꽃은 피어나고

흔들리며 나팔소리가 거리를 흐른다
바람이 부는 날이면 검은 박자가 차오르고
아주 멀리까지 떠다닌다

내 안 사람이 돌아앉으며
나도 곧 떠날 거예요!
조금만 더 듣자고 한다
나는 사람들이 모여들기 전에
여기를 떠나자고 한다

뻐꾸기시계

위층이 버려졌다
신혼부부가 내놓은 살림살이 앞을
우리는 말없이 지나쳤다

어느 층간을 탈출한 뻐꾸기가
한동안 둥지를 틀었다 골목 담벼락에
모두 어미를 따라 날아가고
새끼 한 마리가 남았다

새들이 떠난 사이
깊이 잠든 것 같다

주둥이를 졸라맨 쓰레기는
검은 그림자로 골목을 빠져 나가고
꿈결인 듯 뻐꾸기 울음을 들었다
재활용과 뒤섞인 채

골목에 오래된 벽시계가 흘러 나왔다
누액을 뱉어낸 12개의 별이
드문드문 떨어진
밑층 할머니가 요양원으로 떠나고

지난밤에 뻐꾸기가 마을로 돌아왔다

머릿속 허공

잉크를 채운다
가지에서 가지로 말하던 나무는
어두워진 길을 포개기 시작하고
나는 일기장에 만년필로 낙서를 한다

밤에는 잃어버린 말이 일기가 된다
허공이 어둠으로 채워지고
어제의 낙서가 살아난다

어두워진 길을 지나 공원으로 간다
발자국 소리가 바람에 지워지고
공원에 버려진 바람개비가 울고

골목에 쓴 이름이 보이지 않는다
새가 허공으로 날아간다
지워진 우리의 이름을 물고

나뭇가지에서 시작된 봄이 여름으로 간다
귓속에서 새가 울고
머릿속을 허공이 빠져 나간다

새가 날아간 자리에서 허공이 낙서를 한다

술래잡기

침대는 초저녁 잠이다
너의 발밑에 쉼표로 숨은 나는 자정이다

굴러떨어져도 좋을 그믐밤
찾아보면 숨을 곳이 많은 방이
어둠에 숨었다

침대를 훑고 다니던 술래는 돌아가고
새벽 베개는 지쳐 잠들고

가늘게 흐르는 너의 코골이에
잠들지 못하는 나는 초승달이다

은행나무

여기저기 봄이다
지난겨울 잘 자라난 가지가 성질을 욱하고 말았다
봄밤이 가려움으로 번지고

오래전에 시들기 시작한 별을 안았다
별을 가지에 새기고 산다

언제 겨울이 봄으로 왔는지 모른다
어린 벚나무들이 연애를 하고 꽃을 피우고
잎으로 몸을 가리는 동안 나는
겨울옷을 입고 있었다

봄밤에는 열이 천 도까지 올라간다
여기저기 별의 흔적이 숨어 있다
나는 가지로 상처를 들추고

입김으로 열을 품어내곤 한다

일요일 오후

도시를 떠나요 금요일과 일요일 사이
화성에 실버타운을 만들고 있어요
집은 비어 있어요 지금

택배는 나비에게 맡겨 주세요
집으로 돌아가고 있어요 화성에서

비행장에는 우주선을 기다리는 사람들
시내를 빠져나가는 길이 막히고
라디오는 저녁뉴스가 끝나고 음악뿐

일요일 오후 저만치 내일이 다가온다
월요일과 목요일 사이 여기저기
사람들이 아메리카노를 찾는다
카페는 노트북으로 채워지고

우리는 돌아간다
금요일과 일요일 사이
살림살이를 화성으로 보내고
몸뿐인 빈집으로

별모자

아침은 여기저기 꿈이 날아다닌다
날개를 달지 못하고 새를 꿈꾸던 나날
천 개의 종이새가 엄마 방에서 발레를 한다

골다공증을 앓는 엄마의 꿈은
하늘색 유니폼을 입은 스튜어디스
앉아서 종종 내 손발을 부르지
나이가 들지 않는 엄마의 소녀를 생각한다

모자를 쓴 날은 엄마가 걸어간 길을
지워지지 않게 지난다
길은 예민해지고
흐린 하늘을 올려다보며

나는 엄마처럼 살지 않을 거야!

낙서가 늘어나고 있다

일기가 되지 못하는 날들은
짙은 어둠으로 위장하지
어디선가 새들의 숨이 흘러나오고

꿈이 지워진 아침이야
별이 새겨진 모자를 쓰고 집을 나온다
엄마의 미역국이 먹고 싶은 토요일이야

잠

아프리카는 밤 뒤편에 있다
멀고 까만

어둠은 낮을 피해 빨리 사라진다
바람이 불고 보이지 않게
새들이 모여들고
스크린 속 야생동물보호구역이
도시를 스친다

그 나라에 가면 밀린 일기를 쓰고
뜯지 못한 편지를 읽을 거야
달보다 먼 그 나라에 낮이 지고
밤이 느리게 돌아오는 소리 들려

어둠이 번지고 있다
나무와 사람들 사이 길과 건물 사이
먼 꿈속 소리가 사라진 풍경이
줌으로 다가온다

구름편지

신문 여백에 글씨연습을 한다

3월에는 학교보다 할머니가 좋아
꽃이 피기 전에는 모두가
글을 모르는 거야

나무와 종이로 접은 집이 장마에 허물어지고
글을 깨우치는 거야

낙서투성이 신문을
쥐오줌 번진 천장에 바르던 할머니는
한 번도 글을 가르쳐 주지 않았어

가을 겨울에 키가 얼마나 컸는지 몰라 나는
3월의 글씨로 살아
할머니에게 밀린 편지를 쓴다

할머니의 편지는 구름이 되어 날아온다
날마다

휘파람

접어진 골목 모퉁이에서
뒤따라오던 바람이 숨을 죽인다
발이 뒤엉키고
칼바람에 입이 상한 새는
긴 노래 뒤에서 운다

그는 남미에서 왔다고 했다
광장에서 휘파람 악기를 불던
바람처럼 작은 그는
밤이 오면 새가 되어 골목을 서성이지
검은 눈으로

바람이 잠든 동안
아무도 노래하지 않았다
누가 먼저 시작했는지
그를 새라고 부르고

그는 휘파람을 불러들이고
길 잃은 바람을 주워 모으고
시름시름 앓았다

여름이 빨리 찾아왔다
골목에 검은 낯이 사라지고
비둘기들은 휘파람을
흉내 내곤 했다

1980년

앓니가 빠진 언니는
시집을 안 간다고 했다
누나보다 언니라고 부르면 좋았다

혼자 자면 못 쓰는 거야

언니의 꿈은 3류 소설가
언니를 따라다녔다

내가 가진 것은 장마와 첫눈
3류 소설 몇 권
세우면 드러눕고 웃을 때마다
누런 페이지를 보이곤 했다 나는

소설 속을 맴돌 뿐 빠져나올 줄 모르고
1980년에 멎어 있었다
언니와 결혼을 하고 아이를 낳는 꿈을 꾸고

장미와 첫눈 사이를 오고 갔다

아무도 나의 잠을 깨우지 않는다
언니는 소설을 버리고 나를 떠나고
꿈은 깨어나고
우리의 아이는 보이지 않는다

내 속에 산이

산을 내려와
몇 날을 말을 할 수 없었다

밤에 키가 큰 산을 보았다
얼굴을 안개로 가리고
내 안으로 들어왔다
머리에서 발끝까지 아픈 밤이
나를 빠져나간 거야

네가 옆으로 누워 잠들고
자주 몸을 뒤척이고
가끔 헛소리를 낼 때
산은 내 안에 잠들어 있다

내가 잠든 동안 산이 깨어나
여기저기를 돌아다니고
뭔가를 부스럭거리곤 하지

내가 깨어날 줄 모르는 새벽이야

구름이 없이 안개에 젖은 날들이
내 몸을 빠져나가는 거야
낮에 돌아다니고 밤에 돌아오는 거야

봄이 와서

봄이 와서 노래 부른다
겨울을 검은 옷을 입고

겨울에 태어나 하양을 좋아하지
너의 목소리가 지워지지 않게

나는 봄이 되는 거야
너를 따라 부를 수 있는 봄노래가
없는 것 같다

노래가 피어난다
겨울옷을 걸친 나에게도 봄이 오고

고음으로 노래 부르는 너는
잠깐 곁에 살다 가는 거야
바람난 봄꽃으로

3부

여름

속병

못 마시는 술에 빨개진 네가
안양에 살아요!

안양이 어디지?
누군가 안양에 사는 것 같은데
고속열차가 지나가고

속이 아팠다 그 여름
통증은 밤에 찾아와 여기저기 돌아다니고
아침에 사라진다

일요일 오후 비행기가 지나가고
너와 나는 안양과 오류동 사이
속이 쓰리고 아픈 서른 살이었다

병원은 십이지장궤양이 있으니 조심하라고 했다
술을 마시면 너스레를 떨었다 너는

내가 여자로 안 보여?

속에 통증이 찾아오던 서른 살 무렵
네가 나에게서 잊혀진 여름이었다

여름일기

오래 멎어 있었다
손목을 버린 시계는

그는 산으로 떠나고
비가 내리기 시작했다
여름이 돌아와도 산으로 가지 않았다
한동안

흔들리는 이를 들쑤시며 그는
길가의 나무들이 자리를 털고
산으로 돌아갈 것이라고 속삭이곤 했다

비가 내리는 동안 일기를 쓰지 못했다
불어난 물을 바라보며

산으로 가서 돌아오지 않는 그를
기다리지 않기로 했다

그가 남긴 여름에 일기를 쓰며

비는 그를 따라 산으로 간다
장마에 상한 이름을 버리고
일기장에 새 이름을 달았다
그의 여름처럼 여리게

비의 습격

빌딩 어귀와 종묘공원 가까이
천국을 탈출한 게릴라가 숨어 있지
고양이나 개의 이름은 아니야

귀금속매장 사람들은 언제부터인지
노숙자를 비라고 부르고

흐린 날 허공을 쳐다볼 때
비가 상상을 빼앗아 가거든
사람들은 종종 떠다니는 구름을
떨어트리는 게임을 하지
비의 습격처럼

비가 비를 맞고
느리게 걸어 다니는 목요일이야
우산을 들고 집을 나온
비는 하나도 없으니까

원남동과 광장동 사이를 비가 지나간다

어떤 날

걸어서 집으로 가는 날이 있다
혜화동을 지나고 돈암동을 지나
신과 오래 걷고 싶은 날이 있다

허공을 만지작거리는 나날이 늘어난다
바람으로 찢어지거나
비로 나누어지는 날이 있다

네가 토라지거나 사나워질 때가 있다
달이 깨어나지 않게 발소리를 지우며 돌아와
별이 사라지면 따라 잠든다

야행성 거미를 키우고 살았다
일기장에 없는 날이 늘어나고

집으로 돌아오지 못한 금요일이나 토요일
온기를 잃은 방이 거미를 헤치고
허물만 남기곤 했다

그림자는 반말을 하고

두통약은 그림자와 나누어 먹고
커피는 나비와 마신다

하얀 옷을 입은 나비와 오늘은
나보다 큰 옷을 입고
그림자를 데리고 공원으로 간다

숲에는 식물원이 있고
숙기 없는 하이에나가 산다
유리와 투명한 공기로 만든 그린파크에서
하룻밤을 지내기로 한다

아픈 그림자가 나보다 먼저
숨이 거칠어지고 얼굴이 하얗게 변한다
나는 어쩔 줄 모르고
그림자는 겨우 숨이 돌아오고

나의 두통을 뇌경색이라고 하고
동맥경화라고도 하지
내 그림자는 아프면 반말을 한다

이쯤에서 나를 보내줘!

이별,
그래 너를 버릴 생각을 하고
네 앞에 다시 돌아온 거야
내가 천벌을 받은 거야

고향초

뭉게구름과 바다가 만나면
산이 질투하는 서해안 산간에 살았다

물과 바람으로 지은 집에
가문의 뼈대는 허물어지고
어두워지면 호랑이 같은 손자들이
할머니의 옛날이야기를 졸라대는 거야

서해안 산간에 호우주의보가
먼 바다에는 파랑주의보가 내리고
파고는 최고 3미터

잡음이 새어나오는
트랜지스터 라디오 앞에서 울던 누나야
첫사랑 같은 여름장마는
우편열차를 몰고 서울로 간 거야
누나가 늦바람이 난 거야

떠나온 산마을을 후회하니?

한 쪽 몸이 고장 나면서부터
여기는 우리가 살아가지 못하는
도시인 줄을 아는 거야

누나가 나의 한 쪽이 될 수 있는 것을
그때는 너무 어렸는지도 몰라

고향이 어디냐고 묻지 않는다
누구도

허공과 새

꽃은 숨은그림처럼 종이돈 속에서 피어난다
꽃을 따라 날아간 새는 나무를 잃어버리고

벽을 본다
천 개의 꽃이 피고
새가 모여들고

달력 속 숫자를 헤아리는 나날이 늘어난다
일을 잃은 손이 허공이 된다

심장에서 커진 허공이 밖을 내다보곤 한다
어두워지면 투명으로 물들고
밤새 바람이 드나들고
내가 잠든 사이 새들이 매만진다

토요일은 허공이다
새와 산으로 간다

허공에서 손은 나무가 된다
나무를 잡고 자해하던 새들이 허공을 지우고
나무는 다시 새가 되고

새들이 나무를 쪼고 날아간 자리에서
나무는 손이 된다

여름꿈

히말라야를 오르다가
떨어져 잠을 깼다

여름은 하얀 꿈이다

침대는 하얀이니까
산이름이 붙어 있으니까

손에 걸리는 시계를 버리고
여름밤에 산으로 간다
버스가 새벽에 산에 내려주니까

산은 잠에 빠져든다

산에 아픈 나를 떼어놓는 상상을 한다
삐걱이는 여름침대를 산에 버리는
꿈을 꾼다

꿈은 침대에서 떨어지니까
산은 언제나 꿈밖에서 서성거린다

꿈꾸는 지리산

깬 듯 잠든 산을 보았다

몇 개의 몸과 팔다리가 뒤엉키고 포개져

꿈속에서 꿈꾸고 있었다

오래도록 숨을 들이키고

반달곰이 되고 있었다

언제 숨을 내쉴지 모른 채

밤과 새벽 멀어진 거리에서도

어느 호흡에 입속의 말을 꺼내야 할 줄 모르고

낮과 저녁 사이에 산울음을 울고

머릿결을 희끗 어깨에 늘어트리고

오래전에 사라진 발을 더듬고 있었다

안개

단맛을 좋아해
할머니의 입맛에 길들어졌다

백설탕이 없는 날이 늘어나고
산에서 살았다 안개에 싸여
이가 나빠지고
덧니로 거짓말을 하고
키가 자라지 않았다

사람들을 따라 산으로 간다
손닿지 않게 안개가 내리고
사람들이 산에 젖는다

산에서 내려온 사람들이 몸을 말린다
나무로 만든 카페에서
따라온 산이 카페를 떠다니는 동안
사람들 얼굴에 산이 새겨지고

다음에 또 산에 가요!

사람들이 카페를 나간다
산이 지워지고 안개가 사라지고

소음

산에서 내려온 사람이 산을 나누어 주었다

그는 산울음을 캐러 산에 오른다고 했다
깊이 잠들어 있다
깨어나지 않게 안고 집으로 온다
바위와 나무의 숨으로 만들어진 산은
말이 없다고 했다

산에 살았다
눈을 뜨지 못하고

산을 닮아간다
얼굴 없이 몸뿐인
산이 보이지 않는 날은 잠에 빠지거나
만년필로 낙서를 했다

알 수가 없다 누군가 밤새 산울음을 울고

깊이 잠들 수가 없다
새벽에 옆에서 벽을 두드린다

아침에 벽에 걸린 산이 떨어진 채
잠들어 있다

아픈 사람

굳어가는 표정에
얼굴을 덧칠하는 거야
어두운 사진을 버리고
눈 화장을 하는 거야

빗소리보다 빠르게
어지럼이 찾아온다
해가 지는 사이
달이 숨은 사이

멀리에서 온 그가
어디가 아프냐고 묻는다
아픈 이름을 부르며
옆에 앉아오는 사람이 있다

밤에 나는 머리가 아픈 사람

오래전에 떠난 사람이 돌아오기도 하지
아픈 나를 보려고
해가 달이 되는 사이
별이 뜨는 사이

여름통증

커피믹서를 뜯다가 물을 엎질렀다
통증이 찾아온다

커피에서 프림을 골라낸다
프림에서 설탕을 골라낸다

프림은 살이 찌니까
설탕은 눈이 나쁘니까
커피를 마시는 날은
셀 수 없이 많으니까

여름에 뜨거운 커피를 마신다
물 없는 커피를 생각하다가
냉커피는 생각 밖에 있으니까
블랙커피에 집중하기로 한다

블랙 속에는 통증이 없는지도 몰라

언제부터인지 목요일 밤이 좋아지고
커피를 마시지 않는다 목요일은
밤에 백무동으로 가야 하니까
버스에서 잠을 자야 하니까
새벽에 산을 올라가니까

블랙에서 통증을 골라낸다

새벽

이름을 바꾼다 새벽으로

너는
어두운 밤이나 검은 저녁의 이름을 고집하지
지니나 꼬마숙녀로 부르던 카페에서
반바지를 입은 사람은 진희뿐

잠이 날아가 버린 거야 새벽에는
어디선가 기도소리가 들려오고
바람이 몸을 흔드는 거야

이름은 남자 얼굴은 화장을 하고 여자로 살았어
새벽에는 이름이 지워지고 얼굴이 사라지지
태풍에 벽이 무너지고
성당 앞을 지나쳤을 뿐이야 손을 모으고

밤이 깨어난 자리에 새벽이 잠들곤 하지

새벽에는 말을 숨겨야 해
우리는 심한 성격차이로 마음이 멀어진 거야

나는 밤을 좋아하고
저녁잠이 많은 너는
어둠에 깨어나 새벽기도를 떠나고

인천행

여행을 떠난다 마지막 날에는

해가 지는 소리보다 빠르게
전철이 바다로 달린다
집이 없는 사람들이 바라보던

얇아진 해그림자에 눈물이 젖어 있어

내가 가진 바다는 검은 눈을 깜박이고
우리는 새로 들어서는 방을 찾아
계산동이나 작전동으로 가곤 했지

뭍으로 올라온 외항선이 흑고래처럼 숨을 몰아쉬고
바다는 꿈꾸고 있었어
밤마다 살림살이를 실은 트럭을 따라다니며
바다가 달을 끌어안는
꿈을 꾸었어

나를 바다에 뿌려줘!

우리는 바닷가에 방을 얻지 못하고
바다로 돌아가는 해의 얼굴을 바라볼 뿐
바다가 시작되는 곳에서
구름의 장례행렬은 끝나고

이 열차는 오늘의 마지막 인천행입니다

장마

옷을 말린다

젖은 날들 틈에서 얇은 무늬를 입고
잠에서 깨어난다
옷은 한 번도 날개를 펼치지 못한
새로 변한다

비가 오고 간 사이 잠속에 있었다
몇 날이 지나고
밤이 오고 갔는지 모른다

숨은 해를 찾아다니다가
멀리에서 돌아와 순하게 잠들곤 했다

새벽에 발을 잃은 나무들의 울음을 들었다
꿈이었다 나무는 새로 변하고

새들이 젖은 숲을 떠나고 있다

묻지 않는다

지나가는 비는 횡단보도가 없는 도로를 지나려 한다
맞은편에서 누가 부르는 것도 머뭇거림도 없이

웅덩이에서 튀긴 빗물을 이리저리 피하면서 지나간다
젖은 속을 드러내고 우울증을 호소하며 지나간다

길가에는 뒤집힌 채 울고 있는 우산들, 반나절을 지하
철로 간다 잠시 밖으로 나온 지하철이 햇살에 눈을 찌푸
리고

지하철에는 화장을 고치는 소녀들이 옷을 끼어 입고
옆자리에 온기처럼 앉아서 킥킥거리고

오후의 날씨가 궁금하다 여기저기 검은 우산이 버려지
고 가방에 젖은 비를 숨기고 아무도 오늘을 묻지 않는다

여름고추

집 뒤에 밭이 있었다
해마다 고추농사를 짓고
늦가을에는 마늘을 심었다

여름 가뭄을 버티지 못하고
고추는 타들어 갔다
할머니의 한숨은 비가 될 수 있을까!

뭉게구름이 우체통처럼 매달린 채
우리 밭에는 들어서지 않았다

비가 내려야할 텐데!

여름고추는 하나도 따지 못하고
저만치 가을이 오고 있었다

마당에 익어가는 들깨를 바라보며
일 년만 더 밭을 부리고 싶다던 할머니는
비 내리던 날
그 나라로 떠나고

4부

그리고 가을

먼 손짓

하루에 하나씩 말을 버린다
겨울이 오기 전에

다음 역은 가을이라고 외치던 나무가
멈칫 손짓을 한다
그래 여기에서 부터는 금언구역이니까

은행나무 가족은 손짓이 보이는 거리에
흩어져 산다

가을이 지나는 길에
버려진 나무의 말을 배운다
갈대가 하얀 꽃을 피우고
우리는 겨울로 가는 길에서 나무들을 따라
손짓을 건넨다

여기는 곧 첫눈이 내릴 거야!

눈보라가 몰아치면 손을 깊이
숨겨야 해
팔을 잘라내야 할지도 몰라
봄이 오기 전에

벽

밤에 누군가의 울음을 들었다

밤마다 언니가 색색으로 꾸민 달이 뜬다
몇 개는 빛을 내지 못하고
날이 밝으면 얼룩과 문장이 살아났다

장마에 우리는 말을 잃었다
벽에 그림자가 어슬렁거리고
이를 갈아댄 모서리가 사납게 울부짖는다
쳐진 벽과 천장에 민무늬를 바르기로 했다

전주 라디오에서 잡음이 새어 나왔다
내가 벽지를 붙이고 노래를 따라 부르는 동안
언니는 흔들리는 나무의자를 붙들고

라디오 좀 줄여 주겠어!

해가 사라지고
하이에나가 깨어나고
민무늬가 어둠에 갇히곤 했다

언니 보다 작은 내가 도배한 벽에
밤이 무슨 짓을 한 거야

거짓말

어제에서 돌아왔다 오늘은 월요일
말 수가 없는 날이다
나도 모르는 사이에 어제를 내뱉었다

오늘이 낯설다
아침저녁으로 떠돌이 개가 지나가고
누군가 야구장으로 가는 길을 묻는다
모른다고 했다
그는 개를 끌고 횡단보도를 건넌다

오늘은 맑고 구름 조금
저녁에 곳에 따라 비가 내리겠다고 한다
어제의 어느 날에서 가져온 라디오가

신호등 건너편에서 네가 손을 흔든다
고양이가 지나가고
우리는 손을 잡고 커피를 마시고

오랜만에 찍은 카메라 이야기를 한다
너는 거짓말을 못하고

골목에서 만난 고양이 이야기를 했다
고양이와 카메라에 관심이 없는 너는

거짓말하지 마!

손사래를 치며 내일로 사라진다 너는

먼지

앉아 있었다 길에

머릿속에서 자라난 좁쌀이 실핏줄을 빠져나가지 못하고
길에서 일어나 집으로 돌아가는 거야
거리에는 새벽별이 마지막 숨을 쉬고

길에 주저앉는 시간이 길어진다
낮아지는 거야 사람들 어깻죽지에서 떨어진 살갗이
먼지인 것을 알게 된 거야

때로는 빛나 보이는 먼지가 있다
천리를 달려온 자전거와 길에 쓰러진다
집으로 돌아가지 못하는 날이 올지도 몰라

비가 내리고 낮과 밤사이에 잠이 몰려오고
숨은 먼지가 떨어지는 거야
잠결에 밑을 긁어대는 거야

네가 옆에서

도봉동

사라진 변두리가 어둠에서 깨어난다 산이 전철 고압선을 물고 어설픈 해금 소리를 흉내 내곤 했다 라면 한 박스로 버티던 가을, 잠에서 깬 산그늘이 허기를 견디지 못하고 마을로 내려왔다 가을가뭄이 심해지고 산은 오래 갈증을 타고 있었다 귀에 익은 반야심경을 읊조리거나 낙엽으로 밑을 가리곤 했다

어느 가을 그는 산이 되어 우리 곁에 돌아왔다 가을이 지나가고 또 가을이 오고 그는 우리가 모르는 사이에 우리 곁을 지나가고 밤사이 가을이 찾아오고 밤낮으로 보이지 않게 나뭇잎이 내리고 변두리에는 어둠이 쉽게 찾아든다 고상홈을 출발한 마지막 전철이 꿈속으로 날아들곤 한다

외식

전생에 가축을 많이 길렀는지도 몰라
개들이 짖어대는 저녁이야
들에서 어머니가 돌아오고
가축들이 따라오고
까치밥이 깍깍 익어가고

아버지는 산으로 돌 일을 떠나
돌아오지 않는 밤이야
할머니는 별빛을 헤아리다 잠들고
어둠은 밤새 새어나오지 않아

맞선을 본 네 얼굴이 떠오르지 않아
너는 돈가스를 좋아하고
어머니와 꿈에 네가 없는 결혼을 했다

이 밤에 사람들은 어디로 간 거야!

하나둘 아이가 태어나고
아이들을 따라 라면을 먹었다
꿈이었어 잠에서 깨어나면
꿈속의 아이들이
햄버거를 노래 부르곤 했다

너를 닮은 아이들이

산은 나를 지운다

서른 살의 산에 가곤 한다

수락산 돌무더기 속에서 물놀이를 했다
돌부처 형상을 주워왔다

비가 내리지 않는다 한동안
나무들이 아로새긴 길을 산이 내려와
지우고 올라간다

늦은 여름비가 내린다
산으로 가는 길이 지워지고
서른으로 가는 길이 보이지 않는다

여기쯤인 것 같은데,
물이 보이지 않는다

사람들은 산의 물속으로 들어가고

산이 빌딩숲에서 사람들을 피하는 여름이다

서른 살에 따라온 산울음이 잠결에 울곤 한다
나는 눈이 흐리고 말귀가 어둡고

산은 나를 지운다

하늘꽃

계단은 하늘을 향해 올라가고
문은 닫힐 줄 모른다

바람의 일방통행이 된 옥상에는
새들이 흘린 말이 가을꽃으로 피어난다

새들이 날개를 버리고 날아간 자리에서
구름으로 만든 팔찌를 주워왔다
지난밤에 누군가 떨어지고

새들이 부르다가 버린 노래를
오래 흥얼거렸다
돌아와 검은 옷을 버리고

밤사이 하늘 말을 배운 마지막 새들이
아침에 꽃이 되어 날아갔다

새들이 가르쳐준
꽃의 이름은 하늘꽃

신태인

옆집 여자는 신태인이 고향이라고 했다

열차가 호남선을 지날 때
단발머리 소녀가 유리창에 스치곤 했다

사람들은 여자를 아픈 사람이라고 불렀다

어디가 아픈지 아무도 말해주지 않았다

소리 없이 아파하다가 어느 날
조용히 동네를 떠났다는 소문을 들었다

지금 몇 시예요?

버스가 달리는 동안
색소폰 대니보이를 귀에 꽂는다

지금 몇 시예요?

누군가 누구에게 묻는다
잠에 취해 내릴 정류장을 잊고
시내를 돌아다녔다
버스에서 잠들곤 한다 시간을 잃고

여기가 어디예요?

옆에서 졸던 사람이
버스에 매달린 사람에서 묻는다

시내에는 시계를 잃고 떠도는 사람들

시계는 나를 찾지 못하고
어디에선가 깊이 잠들고
잃어버린 시간을 찾을 수 있을까

새 시계를 사러 종로로 가는 꿈을 꾸었다

시내버스에 오늘 남은 시간을 놓고 내렸다
다음에 내릴 네가 나를 따라 내렸다가
다시 버스에 오른다

왜 시내버스 차창에 졸아대는 거야 나는

손짓

산은 손으로 산을 부른다
목소리가 닿지 않는 거리에서

한 날 한 시에 태어난 산은
산을 어깨에 걸치고
어미 아비가 어디에 사는지 모른다

태어난 날과 시간을 바위에 새긴다
손끝으로 온기를 전한다

산마다 문장을 읊는 소리
비바람으로 일기를 쓴다

손짓 몸짓으로 보낸 이야기를 읽는다

지워지지 않는다
산이 태어나던 날의 울음이
어미 아비의 웃음을
어디에선가 보았다

지나가는 비

오후의 천국은 먹구름을 불러들인다
구름으로 쓴 일기는 번지지 않을 거야
옥상에 흰 옷가지를 널던 사람은
그날을 잊어버리고
지나가는 비를 잊어버리고

비는 천국의 언어를 흩뿌리고
먹구름이 사라지고 네 이름이 지워지고

한 번도 오르지 못한 옥상에
고소공포가 둥지를 틀고 밑을 우러를 거야
지워지지 않는 낙서와 미처 그리지 못한 그림이
비처럼 바닥으로 떨어질 거야

목요일

목요일 밤이
얼룩을 벗고 무늬를 입는다

어둠이 지나가면 산행을 떠나는 거야
언제부터일까 산불이 번지고

손에서 일감이 끊기고
이와 혀 사이에서 말이 사라지고
시간이 손아귀를 빠져나간다

가을이 지나도록 말이 많은 너는
고기를 좋아하거나 잠에 빠지고

공방에 갇혀서 금반지에 이름을 새기는 나는
밤에 산으로 떠난다
달력에서 금요일과 일요일 사이가 사라지고

산에서 돌아온 일요일 밤이 얼룩을 벗고
무늬를 갈아입는다

역류성 식도염

오래 우울증을 앓았다 네가 말하지 않는 동안 화성을 생각한다 너의 말이 색으로 그려지지 않으니까 너의 눈을 빤히 쳐다볼 수 없다 심각한 병일지도 몰라 네가 발 냄새를 맡으며 향기롭다고 말하는 동안 밤 12시가 지나고 우울증이 졸음으로 변한다

네가 말해주지 않는 월요일과 목요일 사이 잦아진 역류성 식도염이 금요일과 일요일 사이 우울증으로 변한다 너는 발을 씻지 않은 채 밋밋한 나의 발을 매만지며 잠들어 화성을 꿈꾸고 나는 약꾸러미를 바라보며 오래 쓰지 못한 병상일기를 채우고 있다

비

빗소리 속에는 태반에서 듣던 물소리가 섞여 있다
비는 강에서 바다로
달로 흘러가고
안개와 구름이 되어 산에서 산다

비가 내리지 않는다
고비사막에 잠든 공룡의 기지개가 흘러나오고
눈물만큼 여름비가 내리고

가끔 찾아오는 비는 처음 만나는 사람 같이
깊이 젖어도 뜨거운 말을 옮겨도
마음을 주지 않는 들꽃처럼

비가 내리는 동안 지평선을 잃고 떠돌았다
좀벌레들이 책갈피에서
빗소리에는 관심이 없이
새끼를 치고

입추 지나 가을

젖어요 밤이

빨랫대를 탈출한 옷들의 파티가 열려요

세탁기는 물이 돌아가는 신기술을 익히는 중입니다

미백으로 분장한 속옷은 쉽게 어둠에 물들어요

겉옷은 가장 멋진 장신구로 치장해 주세요

장마가 끝나고 여름과 가을 사이에 태풍이 올라오고
폭염이 시작되고

빨리 찾아온 가을벌레들이 늦더위에 잠 못 들어요

그림자

꿈꾸지 못하는 밤을 지운다
잠속에서 잃어버린 오늘은 머리카락으로 자라고
손발톱이 되고

내 얼굴 어딘가에 어둠이 배어 있다

따라다니던 그림자가 몸속으로 숨는다
그림자가 깃들지 못하는 밤에는
여기저기가 아프다

거울을 본다
거기에 있어야 할 통증이 보이지 않는다

잊고 산 어둠을 카메라에서 꺼낸다
검은 그림자와 여행을 떠난 지
오래된 것 같다

그림자에는 아픔이 없는지도 몰라
밤에 어둠이 우는 소리에 깨어나곤 한다
내게 깃든 어둠을 그림자가 지운다

산울음

속으로 우는 연습을 한다
어디에선가 네가 울고
나무들이 따라 울고 산이 운다
메아리처럼

사북과 영월 사이에서
가을을 만나기로 했다
일기가 써지지 않는 날
건조주의보가 내리고

나무들 속병이 산불처럼 번지고
남포 터지는 소리가 들린다
귀 기울이면

눈을 감으면 나무들 놀란
얼굴이 보인다

광맥을 찾아 사북으로 갔지
서른 살에

남포에 손과 얼굴이 다치고
이빨 몇 개 부서지고

가을은 밤 열차를 타고
강원도를 떠났다

어디선가 산이 운다